JN222952

今夜　凶暴だから　わたし

詩　高橋久美子　　絵　濱愛子

お月さまや、
お月さま。
三十五歳の女は
どんなことを考えていたら
普通なのだろうか

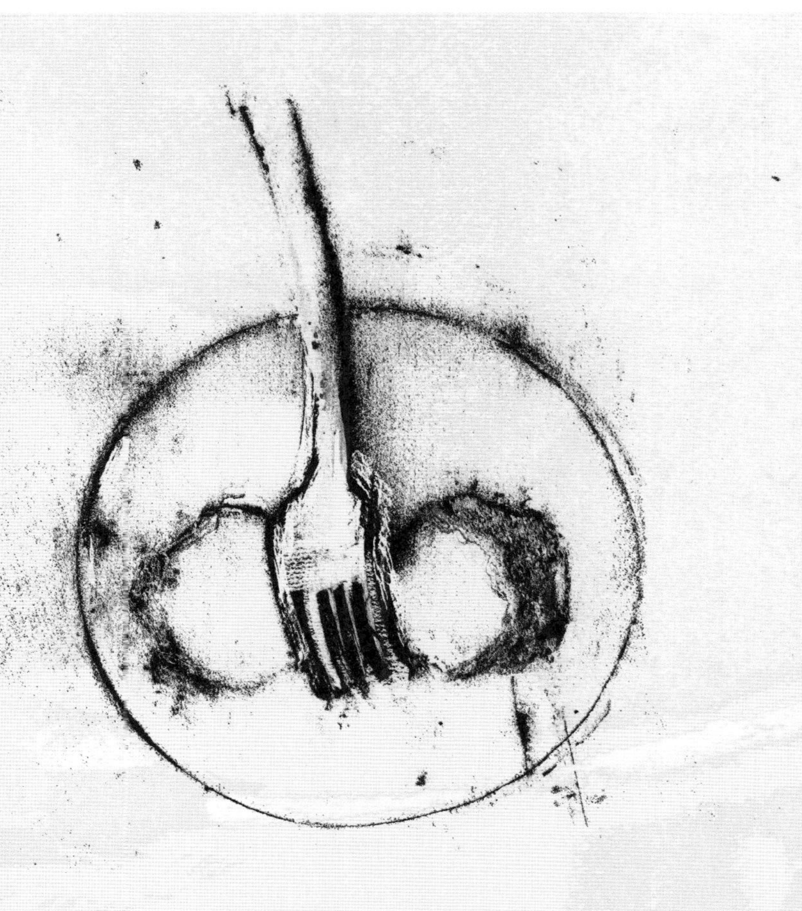

五年ぶりに
マニキュアを塗ってみたよ
左手だけ

いつものコーヒー屋で
左手でカップを受け取ったら
マスターは　無口になった

右の私は　わたし
左の私は　女の人

知らなかったでしょう
お腹の中には
ルビーが山ほど　輝いている

夜の守

真夜中の膨張した空気
やっと　私は自由になれる
神様　夜と朝を創ったの偉いね
十二月のアスファルトは
掘り起こされる日を待っている

誰もいないのに信号はちゃんと赤になる
本当はさぼりたいのよね
星みたいに　自由に無くなりたいのよね

でも　あなたがいてくれるので
私は少し　ほっとしている
赤も青も黄色も　かわいいよ
夜の方が　うんと　かわいいよ

真冬の藪蚊（やぶか）

取り逃がした八月の藪蚊
ほったらかしていたら
マフラーから出た首筋　刺されてしまった
叩いておけばよかった
こんなに大きくなる前に
叩いておけばよかったのよ

バカみたいでしょう？
あのとき　あなた笑ってくれたから

わたし　殺せなかった
膨れる気持ちを

でも　後悔してないわ
血が出るまで　かきむしっても
それでも　せいぜい蚊ですから

二台の石油ストーブ

石油ストーブに火を灯し
私の部屋は　杏仁豆腐のクコの実だ
寒空　関東平野の一室で
酸素は分解されていく
すぐそばにあるのに　私はこの炎にさわれない

私は私に火を灯し
この生命（いのち）は　杏仁豆腐のクコの実だ
白いマンションの一室で
血液は供給されていく
すぐそばにあるのに　私は私の炎にさわれない

エゾジカの臓器
氷に埋もれたアザラシ
戦闘機の光
クレオパトラの棺桶
何だって見られるのに
私の炎だけは見られない
体の中　うごめいている
生温かく美しい　本当の色

冬の中で　二台の石油ストーブは
静かに静かに燃え続ける
化粧水をつけながら
皮膚のずっと奥に　恋をする

幸せ

スーパーのトマトが
どれも同じ形で
安心するときあるの
旗ばっかりあげないで
誰もみつけないでいいの
わたし　赤く熟れただけで
幸せだわ

あの子は
幸せも誰かのせいにして

カサカサのビスケット食べるんだ
赤いのは唇だけで
探すことは挑戦で
受け止めることは諦めで
憂鬱が幸せのしるし

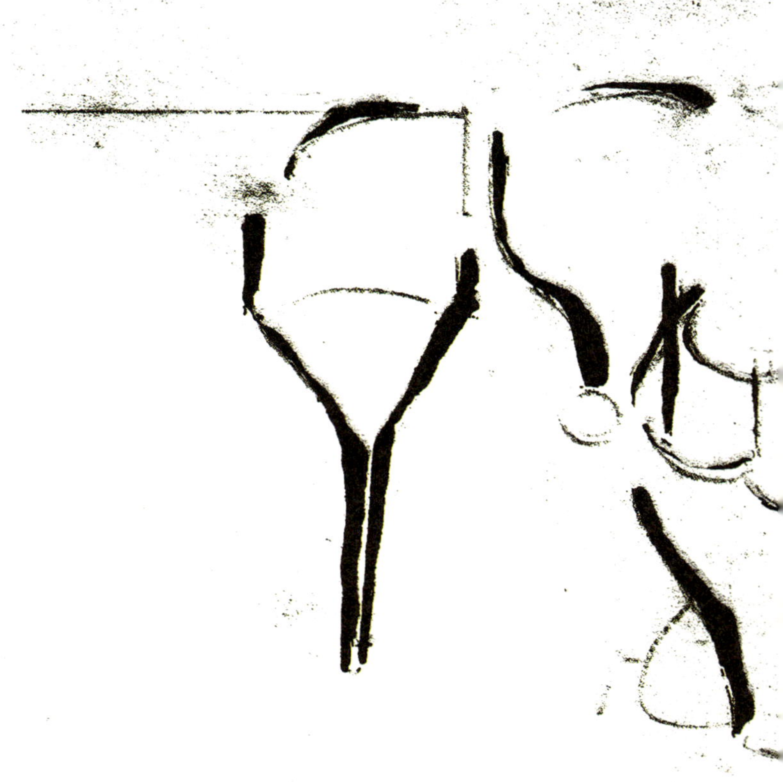

水

眼の裏に
コンタクト忘れてきたような気がする
最近　見えないのよ
大切にしていたもの
ぼやけていくの

ときが経つほどに
刹那になってゆく　君
赤いカップから　くゆる湯気は

百年後も変わらないのに
赤い頬は　じき炭素と水素になるのだね

台風の日みたいに私は眠れない
いつだって初めてのように
全部　覚えてたい

湯船

海　海　海　海　海
おーい　私は昔
海の生きものでした
ぽちゃん　ぽっちゃん
もったり　のったり
赤ちゃんは　お腹の海の大きなくじら

海　海　海　海　海
おーい　私は今
湯船の生きものです
ぽちゃん　ぽっちゃん
もったり　のったり
指先なんか　ふーたふたのクラゲみたいに

心だけが　ぽかんと
浮かび上がる　湯の中から
昔　こんな気持ちだった？
お腹の中で　私
こんな気持ちだった？

考えられないくらい　遠くの海を
未だに　求めているときがある

こたつの上に散らばった
七味の粉
花火のようだ

昨晩の鍋奉行
今頃二日酔いだろう

窓を開ければ　屋根の海
東京　世田谷　こたつの中
冬は空が愛おしい

時光

いつかの　叶わなかった恋が
この星を動かしている
放課後の　失敗が
この星を動かしている

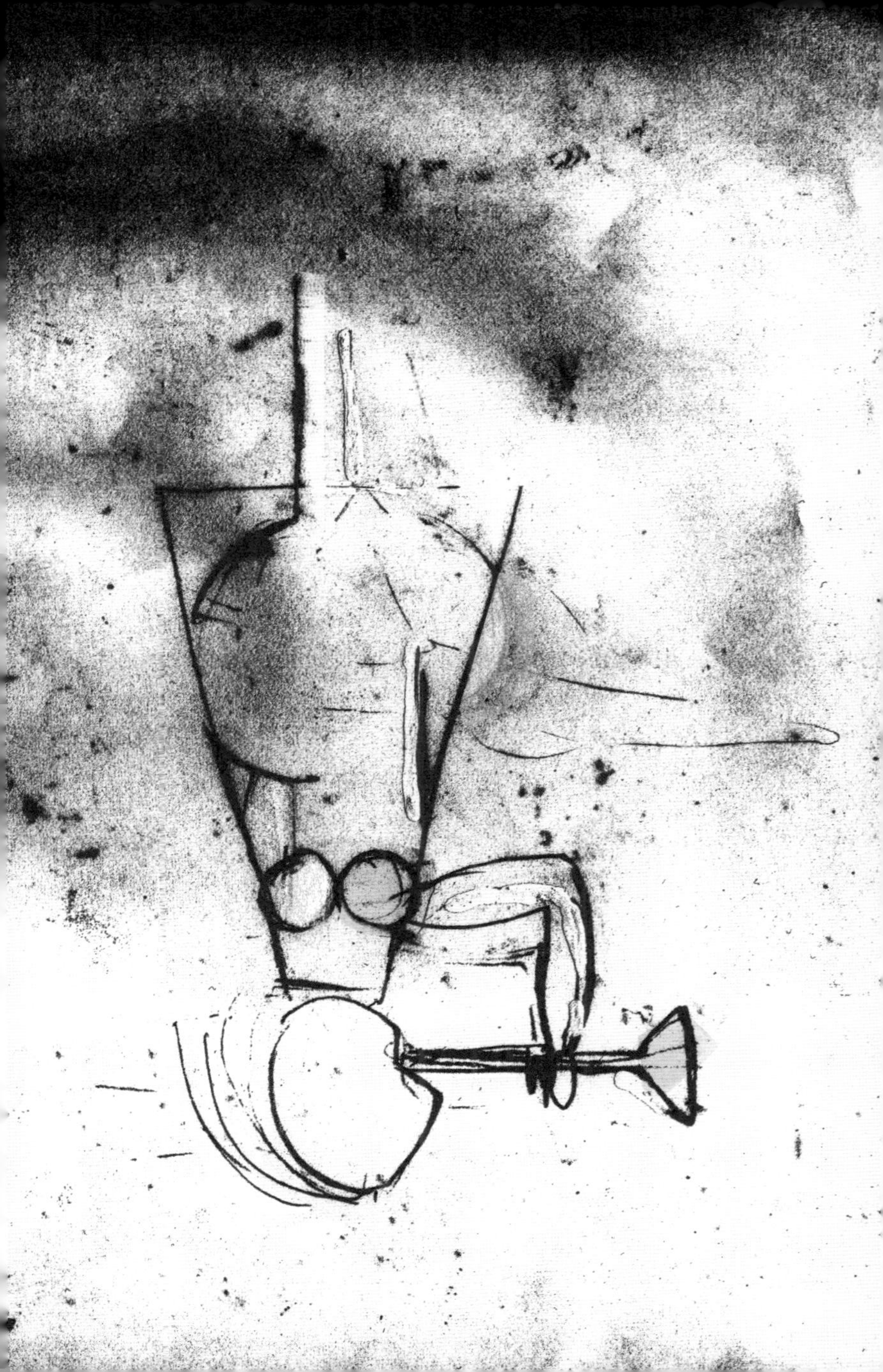

繋がらなかった電話が
霜焼けの　裂け目が
下ろしてしまった荷物が
食べそこねた　プリンが
ネクタイの歪みが
言えなかった　一言が
一ミリずつプリズムを変化させ

そうして僕は　今
君と手を繋いでいる
完璧でない　空を見上げながら
完璧でない　現象として　ここにある

二人のスペクトルは　時光を吸い上げ
今　何色
今　何色
確かなのは　君の手の
ぬくみ

もどれない

小学一年生　一＋四＝五　と知った
中学一年生　保健室は満員だと知った
高校二年生　人は形がなくなると知った
大学一年生　カレーはすぐ腐ると知った
東京一年生　島の外は意外と狭かった
東京七年生　欲しいものは自分だった
知れば知るほどに
知れば知るほどに
知れば知るほどに

私の体は満たされてゆき
私の海は干上がっていった
知れば知るほどに
知れば知るほどに
知れば知るほどに
海は遠くで　きらきらと輝いた

山葵（わさび）と山椒（さんしょう）

砂漠の隅っこに立って
少年は目黒川を眺めている

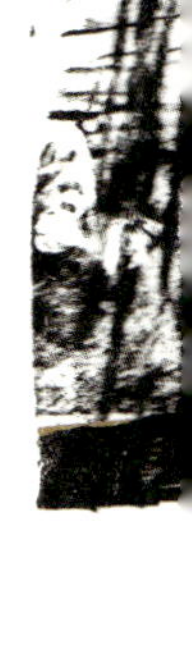

背がまた少し伸びたみたいだ

笑い転げたりは　できなくなっていた
少年は桜の歌なんて　もうやめにして
山葵と山椒の歌を歌うことにした
先生はよくできましたの判子を
押してはくれなかった

少年は歩いた
家康も樹木希林もいなくなった東京を
少年は歩いた
やがて古くなる　今を

少年は歩いた
なるべく進まないように
歩いた

鏡

私は私でない私になりたい
子どもに戻りたいのとは　ちょっと違う
ターシャ・テューダーになりたいのとも違う
あなたになりたいのとは　もっと違う

私は　ゆるぎなく　私になりたい
正真正銘　私になりたい
それって　私は私になりたいということ？

ここには映らないのかもしんないって
うすうす気づいているんだけど
こうして
じっと　にらめっこしている

私でない私が　いつか
私を　迎えに来るだろうか

選ばれし

マラケシュの屋台で買ったアーモンドを
世田谷の図書館で
こっそり食べた
ああ　アーモンド！！！

君は　なぜ　私の口に入った？
何億とあるなかで
君が選ばれ　海を渡り　空を飛び
今ここで　最初で最後の生命(いのち)になる

わたし
灯台守のお嫁さんになりたかったの
あの頃　船人はね
灯台だけを頼りに　船を出していた

誰かのために　光っている
北極星みたいな　彼のことを
ただひとり　想って
わたしは　丘の小さな家から
一晩中　灯りを見ていた
彼の灯台になろう　なんて
そんなこと思いながら

今頃になって　思うのよ
光ってる方は
光なんて気づかないのね
ずっと闇の中にいたのよね

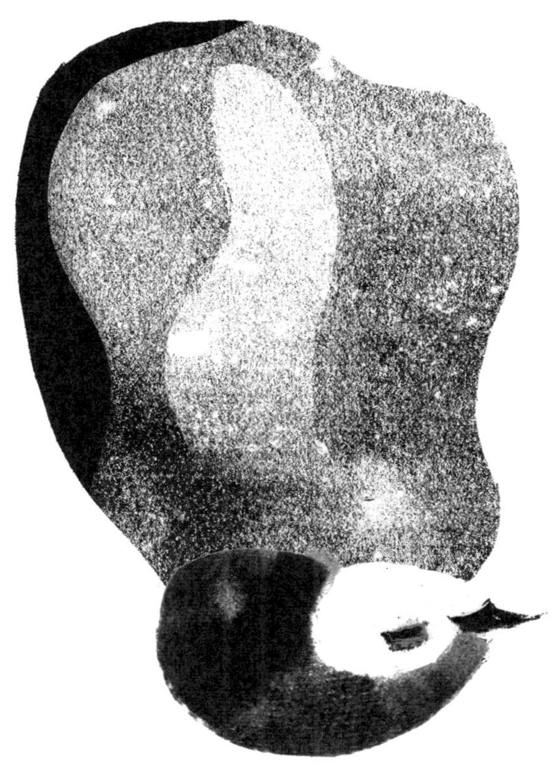

夜と補欠

四枚履きの靴下を脱ぐのは一苦労
歯磨きは　習った通り　三十五分
マウスウォッシュは　気が向いたらぶくぶくと
化粧水は　まあ適当に

私の夜が整ったとき　あなたはもう夢の中
どこで　追い越されたのかしら
さっきまで　あんな必死に　お喋りしていたのに
気がつけば　私だけまだ新宿にいる感じ

暗いってだけで　あとは何にも変わってないのに
夜って少し　不公平な感じがします
朝の　補欠みたいな

夜って少し　かわいそう
いつまでもマウンドに立たせてもらえなかった
高校時代の伊藤くんみたいで
私　放っておけないの

夜中の散歩

みんな眠ってるの
わたし歩いてるの

マンションのうんち　さっきまで愛(め)でられた物たち
スーパーの調理室は　血なまぐさい匂いがする

何もしてないのに悪いことしてる気分
こんなとこに留(とど)まっていられないって感じてる

浮気したい
タバコ吸いたい
お酒飲みたい
クラブ行きたい
覚醒
カプサイシン
官能的　な　空ららら

知ってる人とすれ違ったけど　声かけない
今夜　凶暴だから　わたし

好きでもない人のこと
好きになりそうで怖い
真夜中のメールで
捨て犬みたいなの
拾わないでね
優しさは
眩しくて
だめ
あ

夏の肖像
唇には
ぬるいカルピス
首筋には
熱い水滴
耳元には

扇風機のワルツ

眠る明日を
前借りして
今から遊びに行こうよ

誰か
沈む夕日を
引き止めておいて

苦い女

ちょっとお茶の出が悪かった
湯のみの中の薄いお茶　堂々と急須に戻す
「これも戻してもいい？」
「いいよ」
君の湯のみの中の薄いお茶も　堂々と戻す

二分経過
「ちょっと苦くなりすぎたね」
少し悲しい気分になりながら強気で言った

「これくらいがいいんだよ」
ああ、やめときゃよかった
私はいつも少しだけ　苦い女

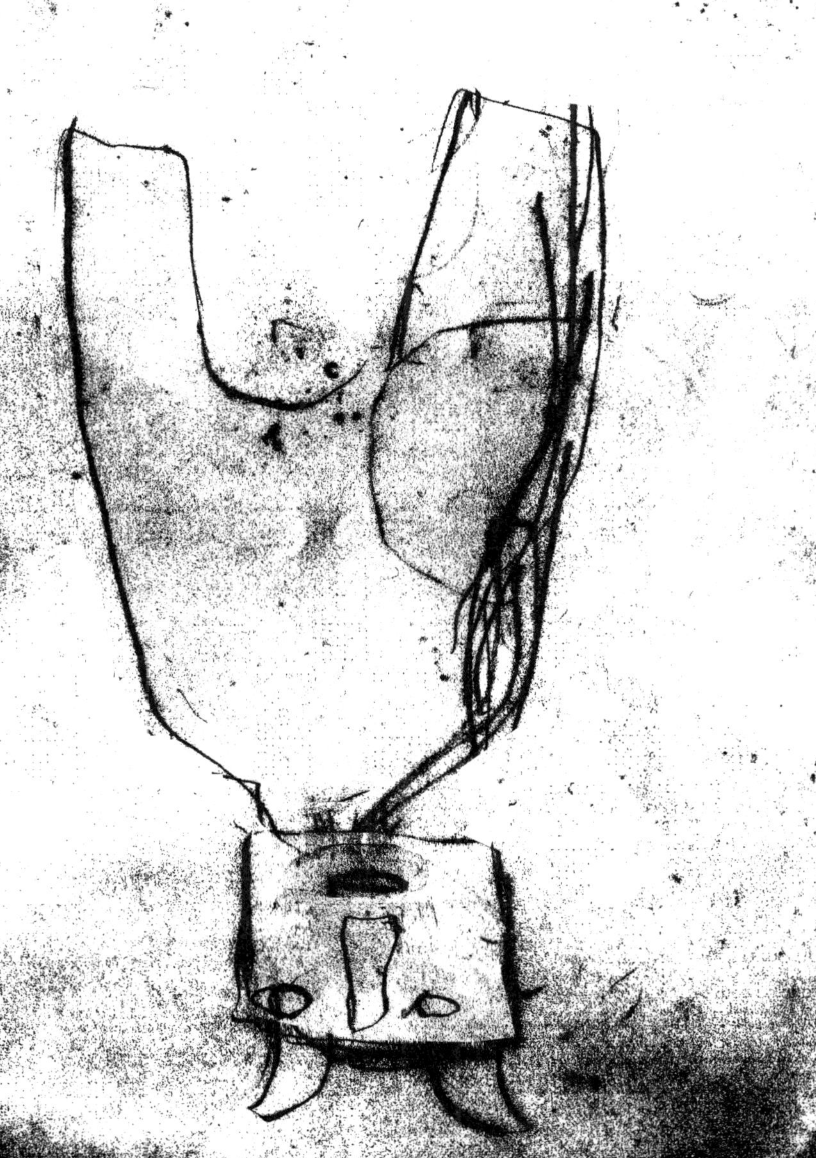

ねえ　あなた
帰っちゃったから
食べたわよ
昨日一緒に食べようって買った
ハーゲンダッツのアイスクリーム
いちご味も
抹茶味も
両方とも
今日一人で食べたわよ

だって　あなた
忘れて　帰っちゃうから

アイスも
飲みかけの焼酎も
上げっぱなしの便座も
作ってくれるはずの棚も
ハードディスクレコーダーの配線も
何度言っても開けっ放しのコンタクトケースも

ねえ　私はいつもあなたの分まで
達成感でいっぱいよ

ラジオネーム青の旅人

それで私
大人しく帰りを待っているだけの女に
なってやろうと思いました
冬に「寒いですね」と
夏に「暑いですね」とだけ言うような

ですが　ただそれだけが
逆立ちするより　難しかった

あの音楽が悪いのです
街の中　あの音楽が流れるたびに
つむじから竹が生えてくるような感じ
わかります？

あの音楽のせいなのです
ワイシャツにアイロンかけながら
こっそり口ずさんで
思わず火傷（やけど）しそうなほどに
どこか遠くまで
旅に出てしまっている今日このごろです

ボタン

結ばれた瞬間に
取れてしまったボタン
私が最後に糸を
結ばなかったから

あなた
本当はわかっていたくせに

一緒にいるよ　これからも

笑って　手を繋いで　ご飯食べて
一緒にいるよ　これからも

生きていける
分かち合えない喜びを胸に
あなたと生きていける
一つにはなりえない誇りを
胸に縫い付けて

命日

名前を　頭の中で呼んで
そっとゴミ袋に捨てた
先が思いやられるわ
映画の半券ごときで　胸を痛めて

今日は二人の命日ね
二人の歴史はもう　別々の鍵穴

どうかこの愛よ
安らかに天に昇って
いい子に生まれ変わってちょうだい
お揃いのスプーンよ
立派に回収されて
強い鉄に生まれ変わってちょうだい

あなたを懐かしいと思う日が
今世紀中に来るのかしら

楽しいこと続いていくと
溶けかけチョコレートになりそで　怖い
いっそ　溶けてしまえばいいけれど

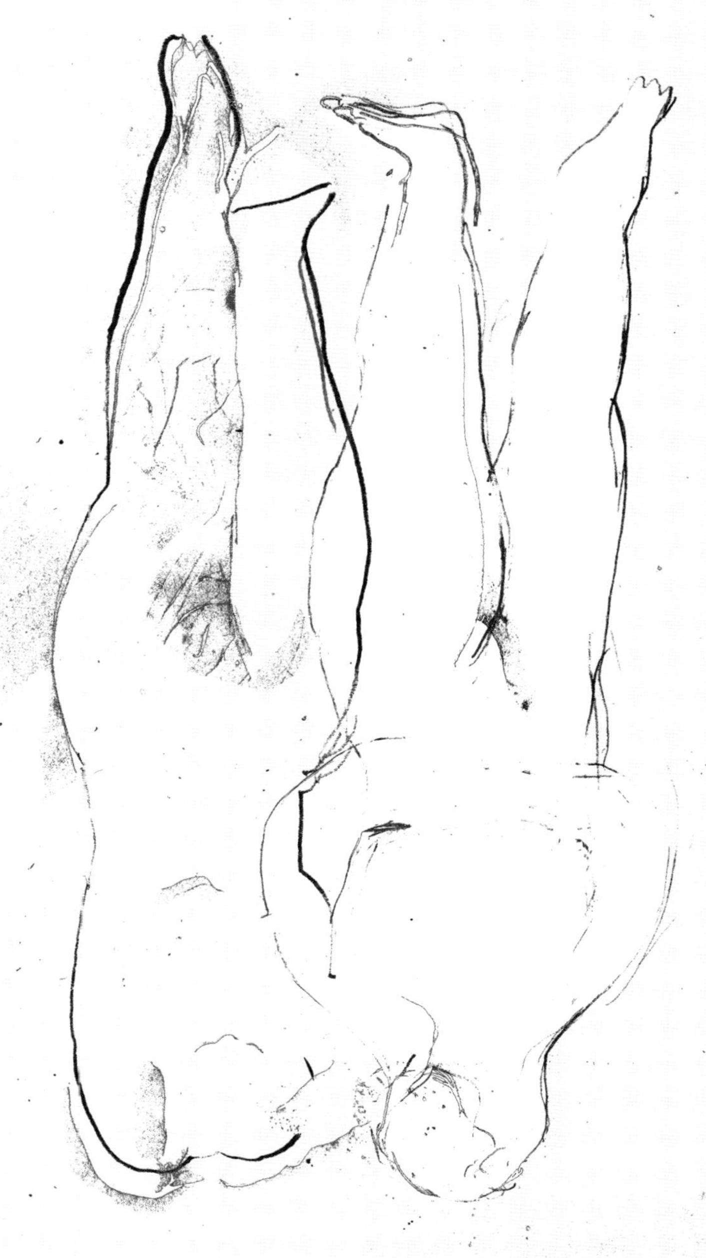

お陰さま

あなたがいなければ
今の私はここにいない
だけど
あなたがいたから
別の私はここにいない
私はいつも
ひとつの私しか味わえない

もうひとつの私は

いつも笑っていて元気
ほんものの私が泣いていても
へこたれていても
出会えなかった私は
スムーズにやってる

ときどき
花瓶の水をこぼしたくなること
あるんだよ　この手で
お陰さま　なんて
言えないときが
あるんだよ

代理

初めて朝顔が咲いた日
私は夕方まで　ずっと花を見ていた

あなたが生まれた日
あなたのお母さんも
ずっとずっと
あなたを見ていたでしょうね
枯れないでと何度も願ったでしょうね

私達　母のためにも
互いを慈(いつく)しみましょうね
私達　母に代わって
互いを育てましょうね

忘却シアター

本日
感動したことも
腹たったことも
ドキドキしたことも
十年後は忘れちゃってんのかな
何食わぬ顔で歩いているのかな

私の脳味噌　どうか大切に守ってて
海馬の波にタイムカプセル浮かべ

そのときがきたら
花火のように　打ち上げてください
生きる　意味を　忘れないように

心の中に　いつも
クッキーの袋を持っていて
悲しいとき　一つ食べます
そしたら　泣かずにいられるの

全部なくなる前に
また　クッキーを
いっぱいにしてもらって
悲しいとき　一つ食べます
そしたら　笑ってられるの

私も誰かのクッキーになりたいけど
あいにく
砂糖もチョコチップも
持ち合わせてないから
せめてシャツには
アイロンをかけることにしています

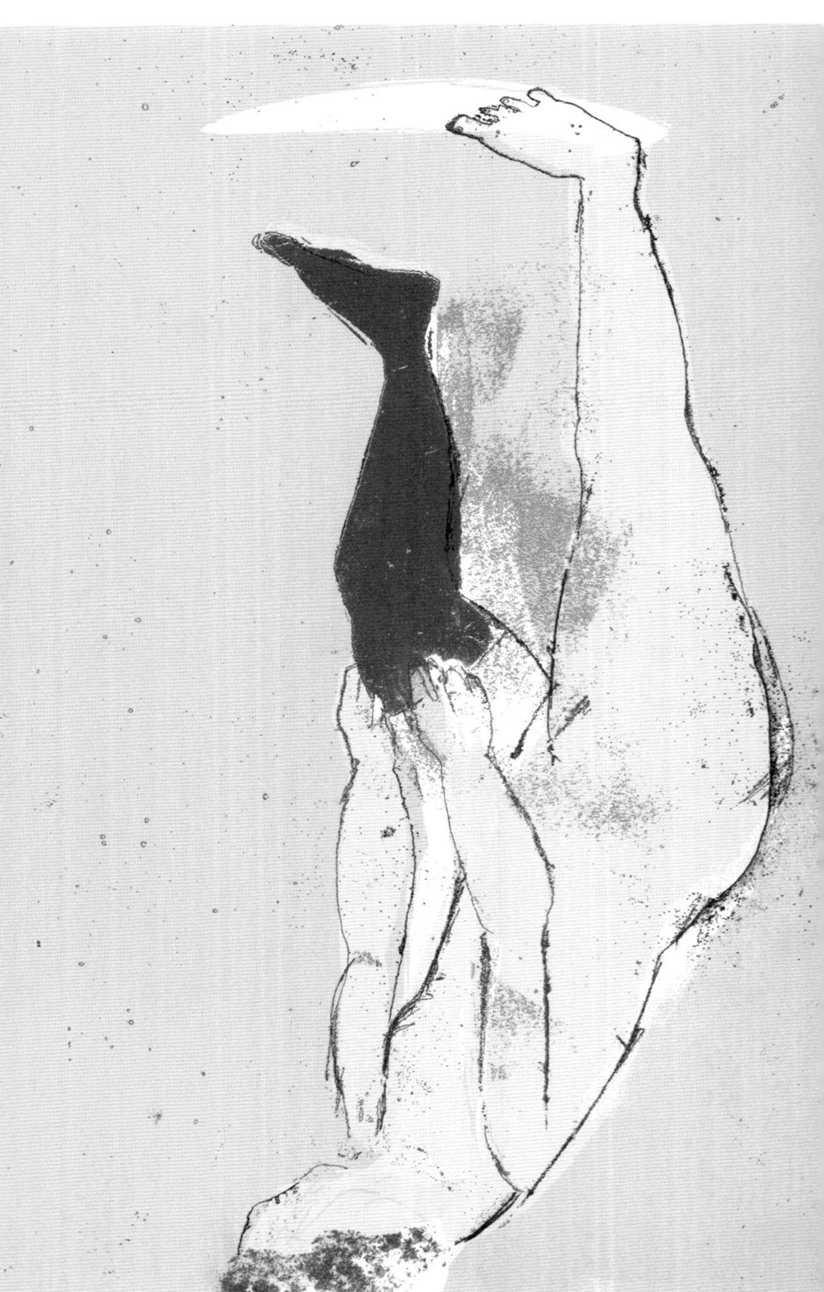

音のない瓶

郵便受けに投げ込まれた封筒の中
CDケースは　ひび割れていた

君はいまでも
君はいまでも
腹を立てていますか
学生どもの頭でっかちや
通り過ぎるだけの今日のネタ
忘れさられた街のこと
忘れられぬ街のこと

私は瓶の中　君を閉じ込めたまま
大人になってゆきました
他にも瓶はたくさんあってね
ときどき　ふってみるんだけれど
もう音はしないんだよ

君はいまでも
君はいまでも
腹を立てていますか

私は　リビングの隅っこ
君の瓶をそっと開け
正座して　君の声聴きました
涙なんて出ないんだからね

住所くらい書いてこい

お月さまや、
お月さま。
三十七歳のわたしは
満ちても
欠けても
満ちてゆく

目次

高橋久美子

たかはし・くみこ

作家・作詞家。１９８２年愛媛県生まれ。チャットモンチーのドラマー・作詞家を経て２０１２年より作家に。様々なアーティストに歌詞提供を行う他、詩の朗読、ラジオＤＪなど表現の幅を広げている。著書にエッセイ集『いっぴき』（ちくま文庫）、絵本『赤い金魚と赤いとうがらし』（福田利之／絵、mille books）など。翻訳絵本『おかあさんはね』（エイミー・クラウス・ローゼンタール／著、トム・リヒテンヘルド／絵、マイクロマガジン社）でようちえん絵本大賞受賞。

濱愛子

はま・あいこ

イラストレーター・グラフィックデザイナー。
桑沢デザイン研究所卒業。
紙版画を用いて、情感と力強さのある
作品づくりを目指し、本、雑誌、広告に取り組んでいる。
最近の主な仕事は日本美術や
茶道具の世界で使われてきた形について紐解く
『かたちのなまえ』(野瀬奈津子/著、玄光社)で
一冊丸ごと絵を担当。HBギャラリーファイルコンペ大賞/
永井裕明賞、東京イラストレーターズ・ソサエティ
TIS公募入選(灘本唯人氏「わたしの一枚」)、
ADC入選、他。TIS会員。

今夜 凶暴だから わたし

2019年12月21日　初版第1刷発行

高橋久美子／詩　濱愛子／絵

発行者　三島邦弘
発行所　ちいさいミシマ社
〒602-0861
京都市上京区新烏丸頭町164-3
電話　075(746)3438
FAX　075(746)3439
e-mail　hatena@mishimasha.com
URL　http://www.mishimasha.com/
振替　00160-1-372976

ブックデザイン　鈴木千佳子
印刷・製本　(株)シナノ

ISBN 978-4-909394-30-9